to Mademoiselle Nadia Boulanger

WOODWIND QUINTET

FLUTE

I

Elliott Carter
(1948)

AMP-95415a-4

FLUTE

a tempo
70
mf
mp
mf
espr.
75
f
f
80
1
f
85
2
mp
90
mp
95
mf
pp
accompagnando
100
rit.
molto
rit.
105
a tempo
ppp
2
mf
ff
110
2
p
115
pp

II

Allegro giocoso (♩ = 132 +)
5
p
f
mf
cresc.
10
1
15
f
20
3
25
mf
2
30
1
mf
3
35
f
marc.
40

to Mademoiselle Nadia Boulanger

WOODWIND QUINTET

OBOE

I

Elliott Carter
(1948)

AMP-95415b-4

molto rit.
a tempo
II
Allegro giocoso (♩ = 132+)
Solo
Solo
marc.

to Mademoiselle Nadia Boulanger

WOODWIND QUINTET

BASSOON

I

Elliott Carter
(1948)

espr.
p sub.
f cantabile
marc.
espr.
rit.
molto
a tempo
molto espr.
(marc.)

II

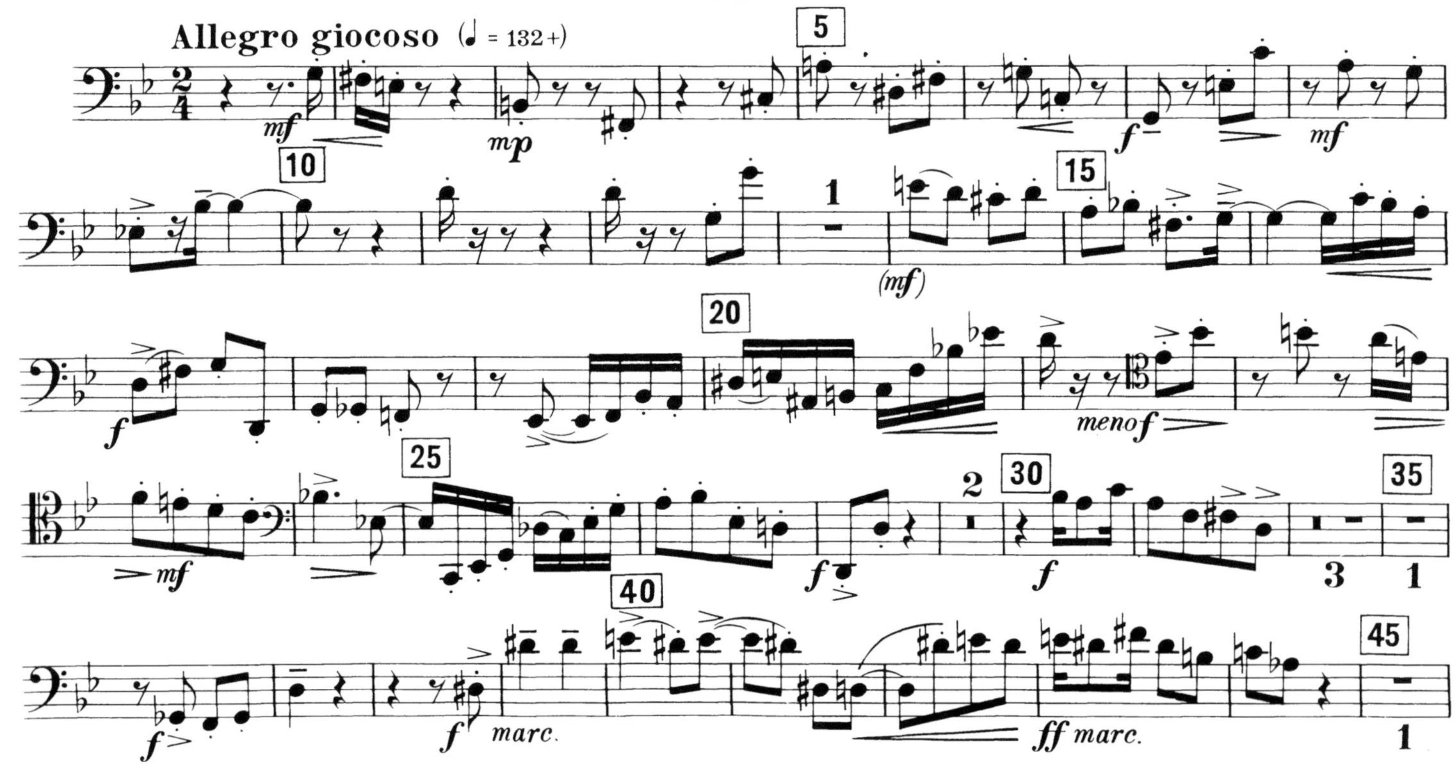
Allegro giocoso (♩ = 132+)
meno f
marc.
ff marc.

to Mademoiselle Nadia Boulanger

WOODWIND QUINTET

B♭ CLARINET

I

Elliott Carter
(1948)

AMP-95415c-4

p
mf
f
stacc.
80
ff
sf
85
90
cant.
mp
95
100
mf
molto
105
3 rit. a tempo
mp
ff
110
espr.
p sub.
Solo al Fine
115
rit. poco
smorz.
p marc. espr. dim.

II

Allegro giocoso (♩ = 132+)
5
10
f
legg.
mf
15
20
25
30
35
40
45
50
55
60
marc.

to Mademoiselle Nadia Boulanger

WOODWIND QUINTET

HORN in F

I

Elliott Carter
(1948)

The Horn is notated one fifth above actual sound, *regardless of clef.*

tranquillo
Fl. Solo
molto
meno f
molto
marc.
marc.
f marc.

165
p accompagnando
170
mf
f
mf
175
180
4
mf
f
185
ff marcatiss.
f
190
marc.
195
2
200
1
205
210
215
220
cresc.
225
sff
sff
sff
sff
230
235
240
2
1
pp

f marc.
marc.
espr.
Fl.Solo
cresc.
meno f

155
160
(continuing the Clarinet)
Solo
marcato
165
170
ff marc.
fp
mf
175
2
180
185
190
195
marc.
200
205
210
215
220
225
230
ten.
sff
235
240
sff
mf
pp
1

60
65
70
espr.
75
80
85
90
95
p tranquillo
100
105
Fl. Solo
110
115
mp
120
125
130
molto
f-mf
135
fp
140
marc.
145
f marc.
150
155
160
p accompagnando
165

continuing the bassoon
Solo
170
175
180
185
190
195
marc.
200
205
marc.
210
215
220
225
230
ten.
235
240

marc.
p tranquillo
cresc.
(cadenza, not too freely)
(a tempo)
molto
molto
marc.

FLUTE

150
155
160
165
170
175
180
185
190
195
200
205
210
215
220
225
230
235
240
f marc.
p accompagnando
Solo
f marc.
ten.